AF564101

[illegible] de l'Évangile et de la République. [illegible] par la Raison.

MORALE
DES
BONNES-GENS,
OU
ÉVANGILE RÉPUBLICAIN,

Avec des préceptes & des exemples pour tous les mois, & toutes les décades de l'année,

SIXIÈME ÉDITION,

Par CHEMIN, fils,

Auteur de plusieurs ouvrages d'instruction publique.

*

Chez l'auteur, rue Glatigny, N°. 10, en la Cité au bas du pont de la Raison.

An 3e. de la république.

PRÉCEPTES
Et Exemples Choisis dans la Bible.

VENDÉMIAIRE,
PREMIERE DÉCADE.

Devoirs des Peres & Meres.

AS-TU des enfans ? instruis les, & accoutume les de bonne heure à faire le bien.

Celui qui instruit ses enfans, y trouvera son bonheur & sa gloire.

L'enfant mal instruit est la honte de son pere.

Devoirs des Enfans.

Honore ton pere de tout ton cœur, & n'oublie pas les douleurs que ta mere a souffertes, lorsqu'elle te portoit dans son sein, & qu'elle t'a mis au monde.

Que chacun respecte son pere & sa mere.

Soulage ton pere & ta mere dans leur vieillesse, & ne les attriste pas durant leur vie.

Celui qui afflige son pere & sa mere est infâme & malheureux.

Que celui qui aura outragé de paroles son pere ou sa mere, soit puni.

SECONDE DECADE;

Devoirs des Citoyens, les uns envers les autres.

Tu aimeras ton prochain comme toi-même.

Tu ne le calomnieras pas, & tu ne l'opprimeras point par la violence.

Tu ne seras ni un calomniateur public, ni un médisant secret.

Quand tu peux donner à un ami ce qu'il te demande, ne le remets pas au lendemain.

Ne trompe pas la confiance de ton ami.

Ne fais pas de procès à un homme sans sujet, lorsqu'il ne t'a fait aucun tort.

Celui qui est ami, aime en

tout tems ; & l'amitié se connoît dans le malheur.

Lorsque tu verras le bœuf ou la brebis de ton frere, égarés, tu ne passeras pas ton chemin; mais tu les rameneras à ton frere, quand même il ne seroit pas ton parent, ni ton ami.

Si tu vois l'âne, ou le bœuf de ton frere tomber dans le chemin, tu n'y seras pas indifférent; mais tu l'aideras à le relever.

Pardonne à ton frere le mal qu'il t'a fait.

Si tu rencontres le bœuf de ton ennemi, ou son âne, lorsqu'il est égaré, tu le lui rameneras.

Si tu vois l'âne de celui qui te hait, tomber sous sa charge, tu ne passeras pas sans l'aider à se relever.

Tu ne chercheras pas à te venger, & tu ne conserveras pas le souvenir de l'injure [illegible] t'aura été faite.

TROISIEME DÉ[illegible]

Humanité & Bienfaisance.

Tu ne feras aucun tort à la veuve & à l'orphelin.

Si tu prêtes de l'argent à celui qui est pauvre, tu ne le prêteras pas comme un créancier impitoyable, & tu ne l'accableras pas d'usure, (c'est-à-dire, en lui faisant payer plus que tu ne lui as prêté).

Tu ne prêteras à usure, ni de l'argent, ni du grain, ni quelqu'autre chose que ce soit. Tu prêteras à ton frere ce dont il aura besoin, sans en tirer aucun intérêt.

Lorsque tu demanderas à ton frere quelque chose qu'il te doit, tu n'entreras pas dans sa maison pour emporter de force quelque gage; mais il te donnera de lui-même ce qu'il pourra.

S'il est pauvre, le vêtement qu'il t'aura donné en gage, ne passera pas la nuit chez toi; mais tu le lui rendras avant le coucher du soleil, afin qu'il se couvre de son vêtement, pendant qu'il dort, & qu'il te bénisse.

Tu ne refuseras pas à l'indigent ce que tu lui dois; mais tu lui donneras, le même jour, le prix de son travail, parce-qu'il est pauvre, & qu'il n'a que cela pour vivre.

Ne détourne pas les yeux de dessus le pauvre.

Ne méprise pas celui qui a

faim, & ne differe pas de donner à celui qui souffre.

Prête l'oreille au pauvre, & réponds lui favorablement & avec douceur.

Quand tu fais du bien, sache à qui tu le fais, & ne donne qu'à celui qui est bon.

Prête à ton frere, quand il a besoin, & rends exactement ce qu'on t'a prêté.

Un peu de pain est la vie des pauvres : celui qui le leur ôte est un homme de sang.

Celui qui arrache à un homme le pain qu'il a gagné par son travail, ou celui qui prive l'ouvrier de son salaire, est aussi coupable que celui qui assassine son frere.

N'empêche pas de bien faire celui qui en a la volonté ; & fais bien toi-même, quand tu le peux.

BRUMAIRE.

PREMIERE DECADE.

Respect à la Vieillesse.

Leve-toi devant ceux qui ont les cheveux blancs ; honore la personne du Vieillard.

Respect au malheur.

Tu ne parleras pas mal du sourd, & tu ne mettras rien devant l'aveugle qui puisse le faire tomber.

Hospitalité envers les étrangers.

Tu ne feras point de peine à l'étranger.

Si un étranger habite parmi vous, qu'il y soit comme s'il étoit né dans votre pays, & aimez-le comme vous-mêmes.

Vérité & Justice.

Tu ne mentiras pas.

Tu ne porteras pas un faux témoignage.

Tu ne suivras pas l'avis du plus grand nombre, pour rendre un jugement inique.

Tu ne t'écarteras pas de la justice, pour condamner le pauvre en faveur du riche.

Tu ne recevras pas de présens, parceque'ils aveuglent les plus sages, & qu'ils corrompent les plus justes.

Tu ne feras pas mourir l'innocent & le juste.

Tu ne feras rien contre l'équité. Tu ne mettras aucune différence entre le pauvre, & entre l'homme puissant, mais tu jugeras selon la justice.

Les fautes sont personnelles.

On ne fera pas mourir les enfans pour les peres, ni les peres pour les enfans.

Le coupable ne mourra que pour le crime qu'il aura commis personnellement.

SECONDE DECADE.

Probité & Bonne-foi.

Tu ne déroberas pas, tu ne tromperas pas ton frere.

Ne fais rien contre l'équité, ni dans les jugemens, ni dans ce qui sert de regle, ni dans les poids, ni dans les mesures.

Que la balance soit juste, & les poids tels qu'ils doivent être. Que le boisseau soit juste, & que le septier ait sa mesure.

Ne porte pas envie aux richesses de celui qui n'a pas

de probité; car le malheur fondra sur sa maison.

Amour du travail.

Vois la fourmi, paresseux; considere sa conduite, & apprends à devenir sage. Elle fait, pendant l'été, sa provision pour l'hyver, & amasse de quoi se nourrir.

L'indigence viendra te surprendre, comme un homme qui marche à grands pas. Si tu es diligent, ta moisson sera abondante, & l'indigence fuira loin de toi.

L'homme laborieux amene toujours l'abondance; mais les paresseux sont toujours pauvres.

TROISIEME DECADE.

Sobriété.

L'ouvrier sujet au vin, ne

deviendra jamais riche.

Le vin pris modérément, est la joie du cœur; le vin, bû avec excès, produit la colere & l'emportement, & attire de grands maux.

L'insomnie, la colique, & les tranchées sont le partage de l'homme intempérant.

Celui qui mange sobrement jouit d'une bonne santé.

Celui qui aime les festins, sera dans l'indigence. Celui qui aime le vin & la bonne-chere ne s'enrichira pas.

FRIMAIRE.

PREMIERE DÉCADE.

Bonnes-mœurs.

Ne te laisse pas séduire par les artifices des femmes corrompues, & vis content avec celle que tu as choisie pour épouse.

Bonne union en famille.

Trois choses sont agréables à voir : des freres qui s'aiment ; des parens bien unis ; un mari & une femme qui s'accordent bien ensemble.

Femme vertueuse, & bon ménage.

Celui qui a trouvé une bonne femme, a trouvé un grand bien, & la source de son bonheur.

Elle est plus précieuse que l'or qui s'apporte des extrémités du monde. Son mari met sa confiance en elle ; elle est attentive à son ménage ; elle est l'ornement de sa maison.

Son mari est heureux ; & elle

lui fait passer en paix tous les jours de sa vie.

Qu'ils soient riches ou pauvres, ils auront toujours le cœur content.

Mauvaise femme.

Il vaut mieux habiter une terre déserte, qu'avec une femme querelleuse & colere.

SECONDE DECADE.

Contentement passe richesses.

Du pain sec avec la joie, vaut mieux que beaucoup de bien avec des querelles.

La bonne réputation vaut mieux que les grandes richesses; l'amitié est plus estimable que l'or & l'argent.

Douceur de caractere.

L'homme colere excite des querelles ; celui qui est patient les appaise.

Il ne faut qu'une parole de douceur pour calmer la colere, & une parole dure pour exciter la fureur.

Il ne faut croire, ni aux devins, ni aux songes.

Ne va pas chercher les magiciens, & ne consulte pas les devins.

Celui qui s'attache à de fausses visions, est comme celui qui embrasse l'ombre, & qui poursuit le vent.

Les prédictions des magiciens & des devins, & les songes ne sont que vanité.

Les songes ne sont que l'effet de l'imagination.

TROISIEME DECADE.

Histoire de Tobie.

Tobie étoit un homme vertueux. Ayant été fait prisonnier de guerre, il distribuoit tous les jours à ses compatriotes, prisonniers comme lui, ce qu'il pouvoit avoir.

Il nourrissoit ceux qui avoient faim, & donnoit des vêtemens à ceux qui n'en avoient pas.

Il recouvra la liberté, & revint dans sa patrie ; mais il lui arriva un autre malheur : il devint aveugle, & hors d'état de travailler.

Sa femme alloit tous les jours faire de la toile, pour vivre, elle & son mari ; elle apportoit à la maison ce qu'elle pouvoit gagner du travail de ses mains.

Ce bon vieillard sentant la fin de sa vie approcher, appela son fils, & lui dit : Mon fils, écoute mes conseils, & mets les dans ton cœur.

Honore ta mere tous les jours de ta vie, en te souvenant de ce qu'elle a souffert, & à combien de dangers elle étoit exposée, lorsqu'elle te portoit dans son sein.

Ne consens jamais à aucune mauvaise action.

Sois charitable, autant que tu le pourras.

Si tu as beaucoup de bien, donne beaucoup, pour soulager tes freres. Si tu as peu, donne de ce peu, & de bon cœur.

Que l'orgueil ne dirige, ni tes pensées, ni tes paroles.

Lorsqu'un homme aura travaillé pour toi, paye lui aussitôt ce qui lui est dû pour son travail.

Prends garde de faire jamais à un autre, ce que tu serois fâché qu'on te fît.

Demande toujours conseil à un homme sage.

Sois tranquille, mon fils. Il est vrai que nous sommes pauvres; mais nous serons toujours assez riches, si nous sommes vertueux.

PRÉCEPTES

Et Exemples choisis dans L'Évangile.

NIVOSE.

PREMIERE DECADE.

Égalité.

LE maître n'est pas plus que le serviteur, ni le serviteur plus que le maître. (C'est pour cela que la Constitution françaiseme reconnoît pas de domesticité, mais seulement un engagement de soins, d'une part, & de reconnoissance, de l'autre).

Devoirs du Citoyen.

Sois soumis à la loi, & paye à l'État les contributions qui lui sont dues.

Amour de ses Freres.

Soyez bons les uns envers les autres, & pardonnez-vous mutuellement vos défauts.

Bannissez d'entre vous l'aigreur, l'emportement, la médisance, la colere, les propos, enfin tout ce qui peut tendre à rompre la bonne amitié qui doit exister entre des freres.

Aimez-vous les uns les autres, & vivez en paix.

Consolez-vous mutuellement dans vos peines.

La charité, c'est-à-dire, l'amour de ses semblables est patiente; elle est douce & bienfaisante; elle n'est pas envieuse; elle ne s'enfle point d'orgueil; elle n'est point dédaigneuse; elle n'est point égoïste, c'est-à-dire, elle ne néglige point les intérêts des autres, pour s'occuper uniquement des siens; elle ne se pique & ne s'aigrit pas facilement; elle ne conçoit pas, sans motifs, de mauvais soupçons; elle ne se réjouit pas de l'injustice; elle n'aime que la vérité.

Celui qui n'aimeroit pas ses freres, seroit un monstre, quand même il auroit toute la science possible.

SECONDE DECADE.

Maniere de faire le bien.

Lorsque tu rends service à ton frere, ne t'en fais pas un sujet de gloire en public, comme les hypocrites; mais fais le bien sans ostentation, & pour le seul plaisir de faire une bonne action.

Ne te lasse jamais de faire le bien.

Amour des ennemis.

Aime tes ennemis; fais du bien à ceux qui te haïssent, qui te persécutent, & qui te calomnient.

Quel mérite auras-tu, si tu n'aimes que tes amis, si tu ne fais du bien qu'à ceux qui t'en font, & si tu ne rends service qu'à ceux qui t'en rendent? Fais donc du bien à tous, même aux ingrats, & sans intérêt.

Justice.

Ne juge pas ton frere plus sévèrement que tu ne te juges toi-même.

Agis avec les autres, comme tu voudrois qu'ils agissent avec toi.

Que personne n'opprime son frere, & ne lui fasse tort.

Il y avoit dans une commune, un juge qni s'embarassoit fort peu de ses devoirs & de ses freres.

Dans la même commune, étoit une veuve, qui venoit souvent le trouver, pour obtenir justice, & elle le sollicitoit inutilement. Mais enfin il dit en lui-même: puisque cette veuve m'importune, je lui rendrai justice, de peur qu'à la fin elle ne vienne à me dénoncer.

Cet homme qui ne faisoit son devoir que par crainte, étoit un mauvais citoyen.

TROISIEME DECADE.

Amour du travail & sobriété.

Ne te laisse point aller aux excès du vin.

Que chacun travaille de ses mains à quelque ouvrage bon & utile. Travaille de tes mains, pour te mettre en état de n'avoir besoin de personne.

Celui qui ne veut pas travailler, ne doit pas manger.

Modération dans la colere.

Si tu te mets en colere, prends garde de faire du mal.

Pas de rancune.

Que le soleil ne se couche pas sur ta colere.

PLUVIOSE

PREMIERE DECADE.

Devoirs des Maris & des Femmes.

Que les femmes soient soumises à leurs maris ; & que les maris aiment leurs femmes.

Que chacun aime sa femme comme lui-même ; & que la femme aime & respecte son mari.

Que la parure des femmes soit la modestie, la vertu, plutôt que de beaux habits.

Que les femmes évitent de parler en public & se tiennent dans leur ménage.

Devoirs des Peres & des Enfans.

Vous, Enfans, obéissez à vos peres & meres ; honorez

votre pere & votre mere : c'est le premier de tous les commandemens.

Et vous, Peres, n'aigrissez point vos enfans par un excès de rigueur; mais ayez soin de les bien élever & de les instruire.

Devoirs des ouvriers & de ceux qui les emploient.

Vous, ouvriers, faites l'ouvrage de ceux qui vous emploient ; ne travaillez pas seulement, lorsqu'ils ont l'œil sur vous ; mais travaillez avec affection.

Et vous, qui employez des ouvriers, témoignez leur aussi de l'affection, & ne les traitez pas avec rudesse. ni avec menaces.

La vérité s'exprime simplement.

Ne fais pas de serment, pour affirmer ou pour nier quelque chose. Contente-toi de dire : oui, non, cela est, cela n'est pas.

SECONDE DECADE.

Intrigans & ambitieux.

Défiez-vous, citoyens, de ceux qui cherchent à vous surprendre par des raisonnemens vains & trompeurs.

Défiez-vous des ambitieux qui prennent toujours les premieres places dans les festins & dans les assemblées publiques, & qui veulent dominer par-tout. Ne cherchez pas à dominer, parce que vous êtes tous freres.

Défiez vous des hypocrites, qui sont bien exacts à remplir

les petites formalités de la loi, & qui en négligent les dispositions essentielles, auxquelles un bon citoyen doit principalement s'attacher, sans néanmoins dédaigner les premieres.

Sans-culottes.

S'il entre dans votre assemblée un homme richement vêtu, & s'il y entre aussi un sans-culotte, avec un méchant habit, ne faites aucune différence entre l'un & l'autre ; n'arrêtez pas votre vue sur le riche, & ne lui présentez pas une place par préférence au pauvre. Laissez plutôt le riche debout, pour faire asseoir le pauvre. Ne faites jamais d'affront aux sans-culottes : car ce sont les riches qui vous oppriment par leur puissance.

Mauvais riches.

Malheur aux riches avares, qui enfouissent leurs richesses, & qui privent les ouvriers de leur salaire.

Le mauvais riche s'habille magnifiquement, vit dans le luxe & dans les délices, & ne daigne pas donner le moindre secours au pauvre, réduit à désirer, pour se nourrir, les miettes qui tombent de la table du riche, sans que personne les lui donne. Malheur à ce riche inhumain! Il sera puni de sa barbarie.

TROISIEME DÉCADE.

Denier de la veuve.

On faisoit une collecte pour les indigens : plusieurs riches donnerent beaucoup. Vint le tour d'une pauvre veuve qui donna deux petites pièces de la valeur d'un liard.

Qui avoit montré plus de bienfaisance, des riches qui avoient donné beaucoup, ou de la veuve qui avoit donné peu?

C'est assurément la veuve: car les riches avoient donné sur leur superflu, au lieu que la veuve avoit pris sur son absolu nécessaire.

Liberté des opinions.

Jésus alloit à Samarie; mais les habitans de cette Commune, aveuglés par le fanatisme, ne voulurent pas le recevoir, parce qu'il étoit né dans un pays dont les habitans n'avoient pas, sur le culte, les mêmes opinions qu'eux. Ceux qui accompagnoient Jésus, aussi fanatiques que les Samaritains, lui dirent : nous exciterons nos concitoyens à venir faire la guerre à cette commune infâme qui ne veut pas nous recevoir. Jésus les réprimanda sur leur intolérance, & leur dit : ce n'est pas pour perdre les hommes par les haines & par la guerre, que je prêche la morale; mais pour les rendre heureux par la fraternité. Puisque les Samaritains ne veulent pas nous recevoir, allons-nous-en.

VENTOSE.

PREMIERE DECADE.

Fais aux autres ceque tu veux qu'on te fasse.

Un riche qui possédoit beaucoup de terres, les avoit données à cultiver à plusieurs fermiers. Il les appela pour leur faire rendre compte. L'un d'eux lui devoit dix mille livres ; &, comme il n'avoit pas le moyen de le payer, le riche voulut faire vendre tous ses biens.

Le fermier amena sa femme & ses enfans devant le riche ; & tous le prierent, les larmes aux yeux, d'avoir un peu de patience, lui promettant bien de lui tout payer. Le riche fut ému de compassion, & consentit d'attendre encore.

Le fermier ne fut pas plutôt sorti, que rencontrant un de ses compagnons, qui lui devoit cent livres, il le saisit à la gorge, & l'étouffoit presque, en lui disant : rends-moi ce que tu me dois. Son compagnon se jettoit à ses pieds, le conjuroit & lui disoit : prends un peu de patience, & je te payerai tout. Mais il ne voulut pas l'écouter ; il s'en alla, & fit vendre tout ce qu'avoit son compagnon, jusqu'à ce qu'il fût payé de tout ce qui lui étoit dû.

Les autres fermiers, voyant cette cruauté, en furent extrêmement affligés, & avertirent le riche de tout ce qui s'étoit passé.

Alors le riche l'ayant fait venir, lui dit : méchant homme, j'ai attendu pour ce que tu me devois, parce que tu m'en avois prié ; ne falloit-il-pas que tu eusses pitié de ton compagnon, comme j'ai eu pitié de toi ?

Et dans sa juste colere, il le livra entre les mains de la justice, jusqu'à ce qu'il lui eût payé tout ce qu'il lui devoit.

SECONDE DÉCADE.

L'Enfant prodigue.

Un homme avoit deux enfans. Il prit fantaisie au plus jeune de quitter son pere. Il lui demanda la part qui lui revenoit. Et l'ayant reçue, il s'en alla dans un pays fort éloigné.

Il s'y livra au plaisir; & comme il vivoit dans l'oisiveté, il ne tarda pas à donner dans toutes sortes d'excès & de débauches.

Avec ce train de vie, son bien fut dissipé en peu de tems. Il se trouva sans ressource, & forcé de se mettre au service de l'un des habitans du pays, qui lui donna ses pourceaux à garder.

Il survint une grande famine, qui réduisit ce jeune imprudent à la misere la plus affreuse.

Il rentra en lui-même, & dit: combien y a-t-il, dans la maison de mon pere, de gens à gages, qui ont plus de pain qu'il ne leur en faut! & moi je suis ici à mourir de faim! j'irai trouver mon pere: je lui avouerai ma faute, & je lui demanderai à être traité comme ceux qui sont à ses gages.

Il partit donc & alla trouver son pere.

Ce bon vieillard l'ayant apperçu de loin, en fut ému; il courut à son fils, se jetta à son cou & l'embrassa; & son fils lui disoit: j'ai fait une grande faute, & je ne suis plus digne d'être appelé ton fils.

Mais le pere ne pensant plus qu'au plaisir de revoir son fils, ordonna qu'on lui donnât des habits, qu'on lui mît un anneau au doigt, & des souliers aux pieds. Il fit tuer le veau gras, & préparer un grand festin; & cette fête se passa dans la plus grande joie, parcequ'un jeune-homme, qui s'étoit égaré du sentier de la vertu, y rentroit, & parce qu'un bon pere retrouvoit son fils qu'il avoit cru perdu.

TROISIEME DECADE.

La bible & l'évangile.

Suivant l'histoire, Jésus termina sa vie par une mort réservée aux scélérats.

Cependant nous avons vu qu'il prêchoit la morale la plus pure; & la pratique de toutes les vertus; & il paroît que ses actions répondoient à ses préceptes.

C'est précisément ce qui le

conduisit au supplice, dans un pays dominé par l'aristocratie sacerdotale & financiere. Elle parvint à le faire condamner par un tribunal inique, pour se défaire d'un sage, qui voyant que les prêtres & les riches égoïstes étoient toujours opposés au bonheur des sans-culottes, ne cessoit de tonner contre l'hypocrisie des uns, & la dureté des autres.

C'est ainsi que dans un autre pays, & dans un autre tems, Socrate fut condamné à boire la cigüe, (supplice en usage à Athènes.)

On a vu dans le commencement de cet ouvrage, que la bible offre, ainsi que l'évangile, les meilleurs principes de morale. Pourquoi donc à côté de ces excellens préceptes, se trouve-t-il des maximes contraires à la nature, & que la raison réprouve? Pourquoi ces deux livres, qui devoient rendre les hommes plus heureux, en les rendant meilleurs, ont-ils été, pendant tant de siecles, le prétexte de misérables querelles, qui ont ensanglanté la terre, & fait gémir l'humanité? C'est que de tout tems, il a existé des hommes qui ont cherché à induire le peuple en erreur, pour leur profit. Ce sont eux qui ont fait des plus belles leçons de sagesse & de vertu, des exhortations à la superstition & au crime. Mais en purgeant, comme on l'a fait dans cet ouvrage, la bible & l'évangile, des erreurs que d'ambitieux sectaires y ont ajoutées, ces deux livres ne seront plus que ce qu'ils étoient dans leur origine, c'est-à-dire, des codes de morale, propres à ramener le bonheur sur la terre, en portant les hommes à être vertueux, & à vivre dans la fraternité républicaine.

PRÉCEPTES

Et exemples choisis dans les gouvernemens républicains.

GERMINAL.

PREMIERE DECADE.

Hommage à l'Etre suprême.

LA Convention Nationale, en consacrant à la Divinité les principes de la déclaration des droits, & en fondant, sous ses auspices, la Constitution républicaine, a rendu un éclatant hommage à la religion, c'est-à-dire, au culte de l'Être suprême.

Périsse à jamais le fanatisme qui a été le fléau du genre humain! Mais loin de nous aussi, l'idée révoltante, que Dieu n'existe pas, & que l'homme de bien, malheureux, sera confondu avec le méchant couronné. Si cet odieux systême étoit vrai, la vertu ne seroit donc qu'un vain nom, & celui qui sacrifie sa fortune, sa santé, sa vie, à ses devoirs, ne seroit qu'un insensé!

Oui, Dieu existe, pour récompenser la vertu, & pour punir le crime; & les scélérats seuls cherchent à en douter.

Voici donc en deux mots ma religion, que je trouve dans le spectacle du monde, dans mon cœur, & dans le préambule de la déclaration des droits de l'homme & du citoyen: *croyance à l'être suprême, &*

à l'immortalité de l'ame; confiance en sa justice, & résolution ferme de faire le bien, & d'éviter le mal.

SECONDE DÉCADE,

Égalité.

» Tous les hommes sont égaux par la nature. »

Ce principe solemnellement proclamé par le Peuple Français, est la base de tous nos droits & de tous nos devoirs. Que l'heureux empire de l'égalité s'établisse sur la terre, & celui de la vertu s'établira en même-tems. On a souvent répété qu'il n'y a pas de république sans vertu. C'est parce qu'il n'y a pas de république sans égalité, & que l'égalité est inséparable de la vertu. Ainsi du droit de l'Égalité, je ferai dériver toutes les vertus ; sans lesquelles on ne peut se dire véritablement Républicain. Avec ce principe sacré, je suis sûr de ne donner que les préceptes de la morale la plus pure.

TROISIEME DECADE,

Philantropie, ou amour de ses semblables.

Puisque nous sommes égaux, nous sommes tous freres ; par conséquent nous devons nous aimer les uns les autres.

Si nous avons les uns pour les autres l'amitié qui doit exister entre des freres, nous serons prêts à faire, chacun pour notre ami, ce que nous voudrions qu'il fit pour nous-mêmes.

A plus forte raison, nous nous garderons bien de faire à autrui, ce que nous serions fâchés qu'on nous fit.

Ainsi nous ne porterons atteinte, ni à la liberté, ni à la propriété, ni à la sûreté de nos concitoyens.

Nous respecterons, au contraire, envers les autres, ces droits sacrés, comme nous désirons qu'on les respecte envers nous.

Exemples.

Deux régimens français étoient prêts à en venir aux mains l'un contre l'autre; ils étoient en présence. Après avoir employé les motifs les plus touchans pour désarmer ces furieux, le maire d'Aix voyant que ses paroles sont inutiles, se précipite au milieu d'eux.

Citoyens, tirez sur moi; foulez moi aux pieds, et sauvez-moi l'horreur de voir mes amis et mes freres s'entr'égorger sous mes yeux.

Le dévoûment héroïque du magistrat du peuple, désarma les citoyens égarés; ils oublierent leurs querelles dans des embrassemens mutuels.

Au mois d'août 1789, la Commune de Vaujours, à quatre lieues de paris, avoit été ravagée par la grêle. Les glaneuses désolées cherchoient envain quelques épis. Les glaneuses du Tremblay, qui avoient beaucoup moins souffert, arrêtent entr'elles d'abandonner à leurs voisines la portion de leur territoire qui touchoit à Vaujours.

Le 17 août 1791, une tempête affreuse s'étoit élevée sur la Méditerranée; un bâtiment venoit de faire naufrage à la hauteur d'Aigues-mortes, département du Gard; il étoit prêt à s'engloutir avec son équipage; le rivage retentissoit des cris des malheureux passagers. Les employés aux douanes se jettent dans un léger esquif, luttent avéc courage contre les flots enfureur; cent fois la barque disparoît aux yeux, du peuple qui couvroit le rivage. On oublioit le danger de ceux au secours desquels ils alloient, pour ne songer qu'à celui qu'ils couroient eux-mêmes. Enfin ils parviennent au bâtiment, chargent l'esquif des premiers passagers qui se présentent, les déposent sur le rivage, & retournent dérober de nouvelles victimes à la mort. Six fois ces généreux citoyens bravent tous les périls ; ils ont la consolation d'avoir sauvé la presque totalité de l'équipage, avant que le bâtiment ne soit englouti dans les flots.

FLORÉAL.

PREMIERE DÉCADE.

Humanité & Bienfaisance.

Puisque nous sommes tous égaux par la nature, l'homme qui a quelque pouvoir dans l'état, ne doit point opprimer le foible. Le riche ne doit pas abuser de la misere du pauvre, pour le priver d'une partie de son salaire. Il seroit un assassin, s'il traitoit en esclave le sans-culotte qui travaille pour lui, au lieu de le traiter fraternellement, & de lui payer un salaire raisonnable.

Que le riche ne regarde pas le bien qu'il a amassé, comme sa propriété exclusive : il outrageroit l'égalité ; qu'il sache que tous les hommes ont droit à l'existence, & que celui qui a plus qu'il ne lui faut, est redevable de son superflu à celui qui n'a pas assez, & qui ne peut pas gagner de quoi vivre.

Si ce principe étoit mis en pratique, il n'y auroit ni richesse excessive, ni extrême misere ; & le bonheur de l'égalité se réaliseroit enfin parmi les hommes. Au mois de novembre 1789, un brave sans-culotte donna aux riches, à ce sujet, un sublime exemple à suivre.

Exemple.

Grosse, aide-major du bataillon des Théatins, rentrant chez lui, trouve dans la rue un enfant de six ans, abandonné, pleurant & presque nud. Grosse le conduit à son épouse qui le caresse, le réchauffe & lui donne des vêtemens.

Le lendemain ils apprennent que le pere & la mere de ce jeune infortuné sont réduits à la plus affreuse indigence, & qu'ils ont fait, quoique sans succès, des efforts pour lui procurer l'entrée dans une maison de charité. Ces renseignemens indiquent à Grosse & à sa femme ce qu'ils ont à faire: le produit médiocre d'un bureau de tabac & d'une petite loterie, sont leurs seules ressources pour pourvoir à l'entretien & à l'éducation d'une famille nombreuse: ces considérations ne peuvent arrêter l'impulsion de ces cœurs sensibles; ils n'avoient que sept enfans la veille, ils en ont acquis un huitieme.

SECONDE DECADE.

Pardon des injures.

Puisque l'égalité nous rend tous freres, ne connoissons d'autres ennemis que ceux qui voudroient nous ravir nos droits naturels. Pour ceux-là, résistons leur jusqu'à la mort; mais soyons au dessus de toutes les petites injures, de toutes les querelles particulieres : ce sont de légers nuages qui doivent être dissipés, aussi-tôt qu'ils paroissent, par les sentimens de cette précieuse fraternité, qui fait d'une société de républicains une seule & même famille.

Exemple.

Il existoit à Nimes, en 1790, un menuisier natif de Paris, qui étoit élevé dans les principes du culte protestant.

Tous les momens que son travail lui laissoit libres, il s'étoit habitué de bonne heure à les employer à la lecture des meilleurs traités de politique & de morale: aussi, lorsque la révolution arriva, elle trouva son esprit & son cœur disposés à en sentir les avantages, & à la servir avec un zele & un dévouement peu communs.

Il avoit un voisin qui exerçoit la même profession que lui; celui-ci d'un génie borné, d'un caractere difficile, habitué à la crapule, avide de gain, avoit suçé avec le lait, la haine & le mépris qu'inspire pour tout autre culte, l'intolérant culte romain.

Les relations d'affaires, la jalousie de métier, la différence des cultes, l'estime universelle dont jouissoit le parisien, lui avoient attiré l'inimitié, & l'avoient mis en butte aux persécutions de son voisin.

Celui-ci cherchoit sans cesse l'occasion de le décrier; sans cesse il portoit contre lui des dénonciations sans fondement, menaces, injures, provocations, sa haine jalouse mettoit tout en usage, pour désoler & perdre son voisin.

La diversité des opinions religieuses dans le département du Gard étoit un levain de guerre civile que les ennemis de la révolution s'empresserent de mettre en fermentation. Tandis que d'un côté, une multitude égarée, habilement conduite par les contre-révolutionnaires, en croyant défendre la cause de Dieu, sappoit les fondemens de la liberté ; de l'autre ses véritables amis, quelque fût leur culte, se pressoient autour de son berceau, réunissoient leurs efforts pour détourner les orages prêts à fondre sur lui, & pour sauver leurs aveugles concitoyens de leurs mutuelles fureurs. Le parisien étoit du petit nombre de ceux-ci.

Enfin, on en vint aux mains le 13 Juin 1790, & cette fatale journée fut signalée par toutes les horreurs de la guerre civile.

Il y eut pendant plusieurs jours de funestes représailles. Notre menuisier rencontre, pendant la nuit, son ennemi errant & fugitif, craignant de tomber entre les mains de ceux qu'il persécutoit la veille. *Suis-moi*, lui dit-il, en le prenant par le bras, & il le conduit hors de la ville.

La confiance que, malgré ses injustes vexations, le malheureux avoit dans la vertu de son voisin, fait qu'il s'abandonne entièrement à lui. Ils s'éloignent du grand chemin; ils marchent en silence au travers de la campagne: après six lieues d'une route pénible, ils arrivent au village de Compos. Le parisien réveille le maire, & fait assembler la municipalité qui estimoit son patriotisme & sa vertu. *Je vous confie*, leur dit ce généreux citoyen, *un homme qui ne m'aime pas, mais qui apprendra à m'estimer: sa vie étoit en danger; j'ai eu le bonheur de le sauver, je le mets sous votre sauve-garde.*

TROISIEME DECADE.

Haine aux Tyrans, & à la Tyrannie.

Qu'est-ce qu'un tyran?

C'est l'ennemi de l'égalité, ce droit le plus précieux de

l'homme. C'est donc l'ennemi du genre humain. Pas de grace à un monstre de cette espece.

Exemples.

A Rome, il y a deux mille ans, Brutus prononca lui même l'arrêt de mort de ses fils, qui trahissoient la République naissante, pour servir les intérêts du roi, que les Romains avoient chassé, & qui, avec un rassemblement d'aristocrates émigrés, & les satellites de quelques tyrans des pays voisins, vouloit relever son trône renversé par le courage des hommes libres. Mais il n'y réussit pas; & tant que les Romains furent vertueux, la République triompha de tous les despotes, & leur fit la loi.

A Paris, l'an deuxieme de la République, trois cent nouveaux Brutus, vinrent à la barre de la Convention nationale, demander eux-mêmes la mort de leurs enfans, s'ils étoient reconnus coupables du crime dont on les accusoit, celui d'avoir conspiré contre l'égalité.

Justice.

L'égalité commande à ceux à qui le Peuple a confié quelqu'autorité, de rendre justice à tous les citoyens, sans aucune distinction entre le riche & le pauvre, entre le puissant & le foible.

Ambitieux.

L'égalité nous apprend à ne pas chercher à dominer sur nos concitoyens, & à remplir fidelement tous les postes qui nous sont confiés, sans employer des moyens indignes de l'honnête homme pour nous élever plus haut.

Douceur de Caractere.

Puisque nous sommes égaux, ne nous livrons pas à l'emportement & à la colere. Agissons toujours avec cette aménité, cette bon-hommie, cette francaise qui conviennent à des amis.

PRAIRIAL.

PREMIERE DECADE.

Probité.

Il n'est pas besoin de dire que des freres ne doivent pas se faire le moindre tort, les uns aux autres, & que c'est encore par le principe de l'égalité, que nous devons respecter la propriété des autres, si nous voulons qu'ils respectent la nôtre.

Exemple.

Une citoyenne de la section du fauxbourg du Temple, réduite à la plus affreuse misere, rentroit chez elle sans avoir pu se procurer de l'ouvrage; elle trouve sur sa route un assignat de 25 livres: malgré sa détresse, elle le regarde comme un dépôt inviolable. Le lendemain elle va aux enquêtes, & elle découvre celui auquel l'assignat appartient, & le lui remet: *je suis bien fâché*, dit cet homme, *de ne pouvoir partager avec vous: mais vous voyez mes enfans; je ne possede que cet assignat pour pourvoir à leurs besoins.* Cette femme vertueuse se retire avec la satisfaction d'une ame pure.

SECONDE DECADE,

Surveillance commune & patriotisme.

N'est-ce pas toujours parce-que nous sommes égaux, que nous devons veiller à la sûreté de nos concitoyens, leur porter secours, quand ils ont besoin de nous, afin qu'ils nous rendent dans l'occasion, les mêmes services?

C'est par cette active surveillance, que se distingue le vrai patriote, pour qui l'intérêt particulier n'est rien, auprès de l'intérêt général, qui vole sans hésiter, au secours de ses freres attaqués, de son pays menacé, & qui sacrifie tout, même sa vie, même sa famille, pour sauver sa patrie.

Exemples.

Les annales de la République fournissent déja une foule de traits de courage & de dévouement à la Patrie, que l'on ne pourroit croire, si l'on ne savoit combien est puissant le génie de la liberté. Je citerai quelques-unes de ces actions héroïques.

Dandurand, du département du Cantal, maréchal-des-logis du quatorzieme régiment des chasseurs, reçoit, dans une seule affaire, à la Vendée, trente-un coups de feu & douze coups de sabre: il tombe entre les mains des rebelles. *Repete avec nous*, s'écrient les brigands, *vive Louis XVII, ou bien la mort ..... Vive la République*, répond avec vivacité Dandurand !

L'énergie de ce héros étonne les brigands ; il recueille toutes ses forces, & le sabre à la main, il se fait jour au milieu d'eux, & parvient à échapper à leur rage.

Michau, canonnier du département de l'Yonne, est blessé mortellement dans un combat ; son frere qui servoit dans la même compagnie, vole à son secours : *laisse moi*, lui dit Michau, *retourne à ta piece & venge ma mort* : il expire.

Le 14 Juillet 1789, journée célebre, qui vit la premiere insurrection du peuple contre le despotisme, Humbert compagnon horloger, natif de Langres, se joint aux habitans du district St. André ; aux premiers cris de la liberté, il vole à l'attaque de la Bastille, & faute de plomb, il charge son fusil avec des clous. Le projet étoit formé d'incendier l'arsenal ; Humbert en fait sentir l'inconvénient à ses camarades, & parvient à les en détourner : il fait avancer le canon, & se place à la prémiere ligne des assiégeans; la Bastille est forcée, ses portes sont ouvertes; Humbert y entre le premier, s'élance au haut du donjon, désarme un soldat suisse, & le force à démonter un canon, prêt à foudroyer le Peuple qui couvroit la place de la Bastille; mais, par une funeste méprise; il est regardé lui-même comme un ennemi par ceux qui ignoroient encore que la place fût réduite. On tire sur lui; une balle lui perce le cou.

A l'aide du Suisse qu'il avoit désarmé, Humbert descend l'escalier; on le conduit aux Minimes où l'on panse sa blessure. il veut encore retourner à la Bastille; on s'y oppose, il est reconduit dans sa maison. Vers le milieu de la nuit, l'allarme se répand dans Paris; toutes les rues retentissent des cris mille-fois répétés, AUX ARMES! AUX ARMES! ..... Humbert est réveillé en sursaut; il se jette hors de son lit, prend ses armes & se traine à son corps-de-garde.

TROISIEME DECADE.

Soumission à la loi.

Puisque nous sommes égaux, nous n'avons pas de maître. Nous ne reconnoissons par conséquent d'autre loi que la volonté générale, à laquelle nous devons nous soumettre tous, sans distinction, pour que le bon ordre regne dans la Société. Car il n'y a que le respect de tous à la loi, qui puisse garantir à chacun la jouissance de ses droits d'homme & de citoyen.

Les républicains ne sont pas moins dociles pour se courber sous le joug de la loi, qu'ils sont fiers & intrépides pour combattre la tyrannie. Ainsi l'on a vu, sur les frontieres du Midi, des soldats français en état d'arrestation pour des fautes de discipline, demander avec instance l'honneur de combattre les satellites du tyran espagnol, qui se présentoient en bataille. On ouvre les verroux qui les retiennent; ils volent au combat, mettent les esclaves en déroute, reviennent, après la victoire, poser les armes, & rentrent dans leur prison.

Paiement des contributions.

Nul citoyen n'est dispensé de l'honorable obligation de contribuer aux charges publiques.

Etrangers.

L'égalité nous fait regarder tous les hommes, même les

étrangers, comme nos freres. Aussi le Peuple français est l'ami & l'allié naturel des peuples libres. Mais nous ne voulons ni paix ni trêve, avec ceux qui cherchent à nous ravir les droits sacrés que nous tenons de la nature, c'est-à-dire avec les tyrans & leurs satellites.

MESSIDOR.

PREMIERE DÉCADE.

Piété filiale & respect à la vieillesse.

L'Égalité ne connoit aucune distinction entre les hommes, quelque rang qu'ils occupent dans la Société. Mais aussi elle observe religieusement les distinctions établies par la nature. Ainsi des enfans républicains sont pleins d'amour & de respect pour les auteurs de leurs jours.

Par la même raison, le vieillard est honoré comme un second pere.

Exemples.

Barra, qui est mort, à peine âgé de treize ans, en criant, *vive la République*, joignoit au courage la piété filiale. Pendant tout le tems qu'il a servi, se bornant aux dépenses d'une absolue nécessité, il faisoit passer à sa mère chargée d'une famille nombreuse & indigente, tout ce qu'il pouvoit économiser.

Le jeune Sauvestre, de la Commune de Bazal, avoit suivi son père au champ de l'honneur. A quatorze ans, tambour de la première Compagnie du corps des Pionniers de l'Armée des Pyrénées Orientales, il s'étoit trouvé successivement à plusieurs affaires très-chaudes: dans un combat, son père auprès de qui il étoit, ayant épuisé sa giberne,

Sauvestre alla chercher dans celles des soldats qui avoient péri, des cartouches qui étoient devenues inutiles. Par son industrieuse activité, il donna à son père le moyen de se battre sans relâche, pendant toute l'action. Sauvestre, aussi courageux que Barra, avoit un autre caractère de ressemblance avec ce jeune héros. Tout ce qu'il pouvoit économiser sur son prêt, il le faisoit passer à sa mère chargée d'une nombreuse famille.

Coriolan avoit eu quelques désagrémens à Rome, sa patrie. Pour s'en venger, il eut la lâcheté de passer du côté des ennemis des Romains, & de venir avec eux faire la guerre à ses compatriotes. Déjà il est aux portes de Rome, à la tête d'une forte armée, & il menace du fer & du feu le pays qui l'a vu naître & qui l'a élevé. En vain plusieurs députations des Romains se présentent à lui pour désarmer son courroux. Rien ne peut le retenir, & il continue ses dévastations, comme un tigre altéré de sang. Les Romains n'ont plus d'espoir que dans les larmes de la mère de ce farouche vainqueur. Elle sort de la ville, & va trouver son fils. Coriolan oublie sa vengeance, & les armes lui tombent des mains, à la vue de celle qui lui a donné le jour; sublime exemple qui prouve la puissance de la nature, même sur un homme assez criminel pour faire la guerre à sa patrie.

SECONDE DECADE.

Culte de toutes les vertus.

La République est tellement fondée sur les vertus, que la Convention nationale a remis sous leur sauve-garde, le dépôt de la Constitution, en déclarant, au nom du Peuple Français, qu'il honore la loyauté, le courage, la vieillesse, la piété filiale, le malheur.

Ainsi l'égalité commande toutes les vertus, dont la pratique constitue le véritable Républicain, & peut seule ramener sur la terre, le bonheur, que la tyrannie & le fanatisme en ont banni depuis tant de siecles.

C'est par la vertu que toutes les Républiques anciennes, Athenes, Sparte, appelée aussi Lacédémone, toutes deux situées dans la Grece, Rome en Italie, Carthage en Afrique; c'est par la vertu, dis-je, que ces Républiques devinrent puissantes & redoutables à leurs ennemis. C'est par le mépris de la vertu, par l'ambition, la soif de l'or, le luxe, qu'elles ont cessé d'exister. Tel sera le sort des Républiques modernes; la vertu les élevera, les conservera; la corruption les fera rentrer dans le néant.

Exemples tirés des anciennes Républiques.

Athenes.

Solon ſut le Législateur d'Athènes. Il réforma les loix, de manière à régénérer les mœurs, & à ranimer dans chaque citoyen l'amour de la patrie. Il effaça la ligne de démarcation que l'orgueil avoit établie entre les riches & les sans-culottes, & il donna à ceux-ci le droit d'opiner avec les premiers dans les Assemblées publiques. Tous les citoyens étoient comptables au Gouvernement de la manière dont ils gagnoient leur vie; & les pères, quelque riches qu'ils fussent, étoient obligés d'apprendre un métier à leurs enfans; loi sage qui prévenoit la paresse, & par conséquent l'indigence & la corruption. Les magistrats prévaricateurs étoient punis sans délai. Les modérés, les égoïstes, qui dans les grands mouvemens de l'État, ne prenoient aucun parti, étoient notés d'infamie. La même peine étoit réservée à ceux qui négligeoient de se marier. La mémoire des citoyens morts au service de la Patrie, étoit honorée, & l'Etat prenoit soin de leurs veuves & de leurs enfans. Cette République, après s'être élevée au plus haut dégré de splendeur, s'affoiblit elle-même par des divisions intestines. Ses ennemis en profitèrent pour lui porter les coups les plus terribles, & elle finit par être réduite sous le joug des Romains.

Sparte ou Lacédémone.

Dans cette petite, mais fameuse République, Lycurgue établit l'égalité sur les ruines de la puissance des hommes appelés *grands*. Il ramena les mœurs des Spartiates à une austérité inconnue chez tous les autres peuples de la terre. Son premier soin fut de bannir les richesses, le luxe, tous les arts inutiles et superflus. La seule monnoie qui eût cours, étoit de grosses pieces de fer; de sorte que les citoyens ne pouvoient ni avoir chez eux, ni porter avec eux une somme un peu considérable. Ils n'avoient que des meubles grossièrement travaillés avec la coignée & la scie. Tous les repas se faisoient en commun, & cette habitude de *manger à la gamelle* fut une des premieres causes qui acoutumerent les spartiates à une égalité parfaite.

L'éducation des enfans étoit des plus séveres. Ils avoient toujours la tête & les pieds nuds. Ils mangeoient peu, parloient peu, & seulement quand on les interrogeoit. On les habituoit au plus grand respect pour la vieillesse. La jeunesse étoit formée à la course, au maniement des armes, & à tous les exercices qui peuvent donner au corps de la vigueur. La bravoure étoit honorée, le lâche couvert de mépris; et privé de l'honneur de porter les armes.

Cette égalité de mœurs fit de tous les Spartiates autant de héros, qui sembloient ne tenir ni à leur existence, ni à leur famille, ni à aucun intérêt personnel, & qui n'avoient d'autre passion que l'amour de la Patrie. Ils en donnèrent un exemple unique dans l'histoire du monde.

Xerxès, tyran d'Asie, avoit levé une des plus nombreuses armées qu'on eût jamais vues, pour asservir toutes les petites Républiques de la Grèce. Sparte & Athènes, qui étoient alors les plus puissantes, furent aussi les premières à s'armer pour repousser l'ennemi commun. Afin que toutes les villes de la Grèce eussent le tems de rassembler leurs forces, il falloit empêcher l'armée de Xerxès d'avancer dans le pays. Quelque nombreuses que fussent les troupes de ce tyran Asiatique, une très- petite armée suffisoit pour lui fermer quelque-tems le détroit des *Thermopyles*. Trois cent Spartiates marchent aussitôt sous la conduite de Léonidas, pour cette glorieuse expédition. On leur annonce que l'armée ennemie est si nombreuse que le soleil seroit obscurci de la grêle de leurs traits : tant-mieux, répondit Léonidas, nous combattrons à l'ombre. Arrivés aux Thermopyles, les Spartiates se battent comme des lions, contre une armée dix mille fois plus nombreuse. Accablés par la multitude, ils périssent tous, sans qu'il en reste un seul. Mais cet exemple inoui d'intrépidité sauva la Grèce, en glaçant d'effroi les satellites de Xerxès, en échauffant le

courage

courage des républicains, en leur donnant le tems de se réunir.

Sparte se lassa de l'austérité de ses mœurs : le luxe s'introduisit dans ses murs, & bientôt elle fut confondue & subjuguée avec tous les petits états de la Grèce.

Carthage.

Je ne dirai qu'un mot sur cette république, à qui son grand commerce donna quelques siecles de prospérité. Elle portoit en elle-même le germe de sa destruction. Les Carthaginois livrés à la passion du gain, étoient loin des vertus républicaines. La mauvaise foi, la ruse, la dureté de caractère, en firent un peuple odieux. Les Romains furent leurs ennemis implacables. Annibal, général des Carthaginois, avoit, quelques instans, fait trembler Rome; mais les Romains à leur tour, qui avoient juré la ruine de Carthage, la réduisirent, & raserent ses fondemens.

TROISIEME DÉCADE.

Rome.

Peuples qui voulez être libres, jettez les yeux sur Rome : elle vous apprendra comment on parvient à la liberté, comment on la conserve, & comment on la perd.

Une foible peuplade, sous la conduite de Romulus, jetta sur les bords du Tibre en Italie, les fondemens du plus grand empire du monde. Ce chef ambitieux & hardi, n'eut pas assez de vertu pour établir une république. Il abusa de l'ignorance des hommes qu'il avoit rassemblés, & regna sur eux. Les Romains supporterent la domination de sept rois. Tarquin le dernier, à qui son orgueil & sa cruauté firent donner le nom de Superbe, révolta le peuple par tous les vices de la tyrannie. Ses crimes, ceux de son fils qui avoit outragé les mœurs en déshonorant Lucrèce, provoquerent une insurrection qui renversa le trône, fit chasser de Rome Tarquin & sa famille, & fonda le gouvernement républicain sur les ruines du despotisme. C'est à cette époque célebre, que Brutus prononça lui même l'arrêt de mort de ses deux fils qui avoient conspiré pour favoriser la rentrée du tyran.

Ce fut aussi dans cette guerre de la liberté naissante contre les rois coalisés, qu'un jeune homme donna l'exemple d'une intrépidité inouie. Porsenna tyran d'Etrurie, étoit avec son armée, aux portes de Rome, pour rétablir Tarquin sur le trône. Mucius Scœvola, persuadé qu'il suffisoit de tuer le tyran pour terminer la guerre, résolut de se sacrifier au bonheur de sa patrie. Il pénétra jusques dans la tente de Porsenna pour le poignarder. Mais il se trompa de personnage, & aulieu de frapper le roi, il tua son secrétaire. Saisi & interrogé, il dit pour toute réponse : » Je suis Ro» main, nous sommes trois cents qui » avons résolu de t'immoler, & tous » sacrifieront, comme moi, leur vie » pour exécuter ce projet. » Et à l'instant, pour se punir lui-même d'avoir manqué son coup, ce jeune héros étendit sa main sur un brasier ardent, & il la laissoit tranquillement brûler en regardant fièrement Porsenna. Celui-ci épouvanté de tant d'audace, se hâta de mettre en liberté Mucius-Scœvola, & de faire la paix avec un peuple, dont les premieres passions étoient l'amour de la liberté, de la patrie, & la haine des rois.

Aprés la chûte du trône, des ambitieux chercherent à élever des factions dans Rome, pour établir leur domination sur les ruines du despotisme royal. Mais elles furent toutes écrasées par l'énergie du peuple, & la liberté triompha.

En peu de tems, la simplicité des mœurs, la haine des richesses, l'amour du travail, & le culte de toutes les vertus, firent des Romains un peuple puissant & respectable. Que ne se bornerent-ils à opposer une vigoureuse défense à ceux qui les menaçoient! Mais quand ils n'eurent plus d'ennemis, ils en chercherent, & l'ambition des conquêtes les porta à attaquer successivement tous les peuples connus alors. Suivis presque par-tout de la victoire, qu'ils devoient à leur courage, à leur constance dans les fatigues, à la sévérité de leur discipline militaire, ils entassèrent dans Rome toutes les richesses du monde. Alors le luxe le plus effréné succéda à cette précieuse simplicité de mœurs, qui fait le bonheur des individus & des nations ; le vice fut honoré, la vertu proscrite ; les Romains amollis, corrompus, devinrent le jouet de quelques ambitieux, qui perdirent la patrie par les guerres civiles.

Dans ces tems malheureux, où les loix étoient sans force, & la liberté sans appui, César osa essayer de s'emparer de la souveraineté du peuple. Un second Brutus, digne du fondateur de la liberté Romaine, poignarda ce traître, en plein sénat, au moment où il alloit se faire couronner Empereur. Mais Rome n'étoit plus digne de la liberté : elle ne renfermoit plus que des riches corrupteurs, & des esclaves corrompus. Aussi Brutus, & le petit nombre de républicains qui l'avoient secondé, frappèrent-ils le tyran, sans abattre la tyrannie. Un autre César se présenta, sema par-tout la terreur & le carnage, *& regna long-tems sous le nom d'Au-*

guste, que la plus servile adulation lui avoit donné. Dès ce moment, Rome qui avoit fait trembler tant de rois, ne cessa d'être sous le joug des empereurs qui la firent trembler par leur despotisme, & dont la plupart furent des monstres souillés de mille atrocités; & enfin ce vaste empire, après avoir englouti toutes les nations, fut lui-même divisé & détruit par différens peuples, qui s'éleverent sur ses ruines.

Je ne parlerai pas des républiques modernes. Elles ont toutes un gouvernement plus ou moins fondé sur l'aristocratie, que les progrès de la raison leur feront, tôt ou tard, réformer, d'après les principes de démocratie établis en France, & qui seuls constituent les véritables républiques.

THERMIDOR.

PREMIERE DÉCADE.

Pensées d'un bon homme.

L'oisiveté ressemble à la rouille; elle use beaucoup plus que le travail. Si tu aimes la vie, ménage le tems ; car la vie en est faite.

Combien de tems ne donnons-nous pas au sommeil, au de là de ce que nous devrions habituellement lui donner ? le renard qui dort ne prend pas de poules. Si le tems est le plus précieux des biens, la perte du tems est donc la plus grande des prodigalités, puisque le tems perdu ne se retrouve jamais.

Courage donc, et agissons pendant que nous le pouvons. Moyennant l'activité, nous ferons beaucoup plus avec moins de peine : « l'oisiveté rend tout difficile ; l'industrie rend tout aisé ».

« La paresse va si lentement

que la pauvreté l'atteint tout d'un coup ».

« Se coucher de bonne-heure, et se lever matin, sont les deux meilleurs moyens de conserver sa santé, sa fortune, et son jugement ».

Quiconque est industrieux n'a point à craindre les dettes.

La faim regarde à la porte de l'homme laborieux ; mais elle n'ose pas y entrer.

L'industrie est également respectée des huissiers ; car elle paye les dettes, tandis que le désespoir les augmente.

Il n'est pas nécessaire que vous trouviez des trésors, ni que des parens riches vous laissent leur succession ; « la vigilance est la mère de la prospérité, et Dieu ne refuse rien à l'industrie.

DEUXIEME DÉCADE.

Labourez, pendant que le paresseux dort; vous aurez du bled à vendre et à garder; labourez pendant tous les instans d'aujourd'hui, car vous ne pouvez pas savoir tous les obstacles que vous rencontrerez demain. C'est pourquoi l'on dit : un bon aujourd'hui vaut mieux que deux demain; & encore, avez-vous quelque chose à faire demain? faites-le aujourd'hui.

Vous avez tant à faire pour votre patrie, pour votre famille, pour vous-mêmes. Levez-vous donc dès le point du jour; que le soleil en regardant sur la terre ne puisse pas dire : voilà un paresseux qui sommeille. Point de remise, mettez-vous à l'ouvrage ; endurcissez vos mains à manier les outils, & souvenez-vous qu'un chat en mitaine ne prend pas de souris. Vous me direz qu'il y a beaucoup à faire, & que vous n'avez pas la force. Cela peut être ; mais avec la volonté et la persévérance, vous ferez des merveilles.

L'eau qui tombe constamment goutte à goutte, parvient à consumer la pierre ; avec du travail et de la patience, une souris coupe un cable, et de petits coups répétés abattent de grands chênes.

Il me semble entendre quelqu'un de vous me dire : est-ce qu'il ne faut pas prendre quelques instans de loisir? Je vous répondrois, mes amis, employez bien votre tems, si vous voulez mériter le repos, et ne perdez pas une heure, puisque vous n'êtes pas sûrs d'une minute. Le loisir est un tems qu'on peut employer à quelque chose d'utile. Il n'y a que l'homme vigilant qui puisse se procurer cette espèce de loisir au quel le paresseux ne parvient jamais. La vie tranquille et la vie oisive sont fort différentes. Croyez-vous que la paresse vous procurera plus d'agrément que le travail? vous avez tort, car la paresse engendre les soucis & le loisir sans nécessité produit des peines fâcheuses; L'industrie, au contraire, amène toujours l'agrément, l'abondance et la considération. Le plaisir court après ceux qui le fuyent ; la fileuse vigilante ne manque jamais de chemise.

TROISIEME DÉCADE.

Indépendamment de l'industrie, il faut encore avoir de la constance, de la résolution et des soins. Il faut voir ses affaires avec ses propres yeux, et ne pas trop se confier aux autres.

Si vous voulez faire votre affaire, allez-y vous-même ; si vous voulez qu'elle ne soit pas faite, envoyez-y.

L'œil d'un maître fait plus que ses deux mains. Le défaut de soins fait plus de tort que le défaut de savoir. Ne point surveiller les journaliers est la même chose que de livrer sa bourse à leur discrétion. Le trop de confiance dans les autres est la ruine de bien des gens. Les soins qu'on prend pour soi-même, sont toujours profitables. Car le savoir est pour l'homme studieux, et les richesses pour l'homme vigilant, comme la puissance pour la bravoure et le ciel pour la vertu.

Savez-vous le moyen d'avoir un serviteur fidele et que vous aimiez? servez-vous vous-même.

Ayez de la circonspection et du soin par rapport aux objets même de la plus petite importance, par ce qu'il arrive souvent qu'une légère négligence produit un grand mal. Faute d'un clou, le fer du cheval se perd ; faute d'un fer, on perd le cheval ; et faute d'un cheval, le cavalier lui-même est perdu, par ce que son ennemi l'atteint et le tue, et le tout pour n'avoir pas fait attention à un clou, au fer de sa monture.

FRUCTIDOR.

PREMIERE DECADE.

Si un homme ne sait pas gagner autant qu'il gagne, il mourra sans avoir un sou, après avoir été toute sa vie collé sur son ouvrage.

Plus la cuisine est grasse, plus le testament est maigre.

Si vous voulez être riche, n'apprenez pas seulement comment on gagne; sachez aussi comment on ménage.

Il en coûte plus cher pour maintenir un vice, que pour élever deux enfans.

Vous pensez peut-être que quelques amusemens de tems en tems, ne peuvent pas être d'une grande importance; mais souvenez-vous qu'un peu répété plusieurs fois, fait beaucoup.

Soyez en garde contre les petites dépenses. Il ne faut qu'une légère voie d'eau pour submerger un grand vaisseau. La délicatesse du goût conduit à la mendicité; les fous donnent des festins, & les sages les mangent.

Vous achetez des curiosités & des brinborions précieux. Vous appelez cela des biens; mais, si vous n'y prenez garde, il en résultera de grands maux pour quelques-uns de vous. Vous regardez ces objets comme vendus à bon marché, cest-à-dire, moins qu'ils n'ont coûté; mais s'ils ne vous sont pas réellement nécessaires, ils sont toujours beaucoup trop chers pour vous.

Si tu achetes ce qui est superflu pour toi, tu ne tarderas pas à vendre ce qui t'est nécessaire; fais toujoûrs réflexion avant de profiter d'un bon marché.

Souvent un bon marché n'est qu'illusoire, & en vous gênant dans vos affaires, il vous cause plus de tort qu'il n fait de profit. J'ai vu quantité de gen ruinés pour avoir fait de bons marchés.

C'est une folie d'employer son argent à acheter un repentir. C'est cependant ce qu'on fait tous les jours dans les ventes.

L'homme sage s'instruit par le malheur d'autrui. Les fous deviennent rarement plus sages par leurs propres malheurs.

Je sais tel qui, pour orner ses épaules, à fait jeuner son ventre & a presque réduit sa famille à se passer de pain.

SECONDE DÉCADE.

Les enfans & les fous imaginent que vingt écus et vingt ans ne peuvent jamais finir. Mais, à force de toujours prendre à la huche sans y rien mettre, on vient bientôt à trouver le fond ; & alors, quand le puits est sec, on connoit la valeur de l'eau.

Êtes-vous curieux de connoître ce que vaut l'argent ; allez & essayez d'en emprunter à quelqu'un. Celui qui veut faire un emprunt, doit s'attendre à une mortification. Il en arrive autant à certaines gens, quand ils vont redemander leur dû.

L'orgueil de la parure est un travers funeste. Avant de consulter votre fantaisie, consultez votre bourse. « L'orgueil est un mendiant qui crie aussi haut que le besoin, mais qui est infiniment plus insatiable ». Si vous avez acheté une jolie chose, il vous en faudra dix autres encore, afin que l'assortiment soit complet. Aussi il est plus aisé de réprimer la premiere fantaisie, que de satisfaire toutes celles qui viennent ensuite.

TROISIEME DECADE.

N'allez pas vous confier uniquement à votre industrie, à votre vigilance, & à votre économie. Ce sont d'excellentes choses, à la vérité; mais elles vous seront tout-à-fait inutiles, si vous n'avez auparavant les bénédictions du Ciel. Rendez-vous en donc dignes par une bonne conduite; ne soyez pas insensibles aux besoins de vos freres, mais donnez-leur des consolations & des secours.

Je désire que ces conseils vous servent; mais souvent on donne un bon conseil, sans donner une bonne conduite. Ressouvenez-vous que qui ne suit pas recevoir un bon avis, ne peut pas non plus être secouru d'une manière utile. Car, si vous ne voulez pas écouter la raison, elle ne tardera pas de se faire sentir. Malheur à vous si vous n'êtes instruits que par votre expérience ; car l'expérience tient une école où les leçons coûtent cher.

FIN.

www.ingramcontent.com/pod-product-compliance
Lightning Source LLC
LaVergne TN
LVHW020423230826
846091LV00004B/1394

9782016176771